O PROCESSO DO
NOVO CRENTE.

RETIRO DE BOAS-VINDAS

Nossa Missão

Chamados para trazer o poder sobrenatural de Deus para essa geração.

El Proceso del Nuevo Creyente
RETIRO DE BOAS-VINDAS

© 2025 por Guillermo Maldonado

Primera Edición 2025

ISBN: 978-1-61576-0763

Diretor do Projeto: Adrián Ramírez

Editor Geral: José M. Anhuaman

Editores e Tradutores:
Gloria Zura
Martha Anhuaman

Arlett Umpierres
Joao Felipe dos Santos
Andreia Palaroni

Design Interior: Martha Anhuaman

Design da Capa: Álvaro Flores

Categoria: O Reino De Deus

Publicado por:
Ministerio Internacional El Rey Jesús
14100 SW 144 Ave. Miami, FL 33186
Tel: (305) 382-3171 – Fax: (305) 675-5770

Impreso en los Estados Unidos de América

ÍNDICE

Informação
ÚTIL PARA OS PROFESSORES

A seguir estão algumas dicas úteis para que tanto o professor quanto o aluno possam tirar o melhor proveito desta apostila. Desta forma, ambos terão mais ferramentas para estudar, cumprindo assim o seu propósito.

ANTES DE COMEÇAR A AULA

- O professor perguntará se tem algum aluno novo
- Levará dois ou três testemunhos da aula anterior.

OBJETIVOS

Os objetivos de cada aula são elaborados para ajudá-lo a direcionar a classe para um propósito específico e claro. Se o professor der seu ensino pensando nos alunos, será mais fácil para ele manter o foco e não permitirá que nada o desvie do tema principal.

PASSAGENS BÍBLICAS

Em todas as lições você encontrará passagens Bíblicas aplicáveis à classe. Algumas estão completamente copiadas e citadas; e em outras só teremos a porção da escritura que serve especificamente para o ensino; e em outras mais, só aparece a citação bíblica; por exemplo (Veja Hebreus 9:12). Estas são ferramentas adicionais que o ajudam a entender melhor o tema.

PERGUNTAS

Em cada aula você encontrará três tipos de perguntas. O primeiro grupo, incluí perguntas que ajudarão o professor a introduzir de forma simples alguns pontos importantes da lição; todas estas perguntas convidam o aluno a analisar o que aprendeu, e incluem linhas para que o aluno responda brevemente. O segundo grupo de perguntas será feito pelo professor no final da aula; isso motivará os alunos a ficarem atentos. O terceiro grupo incluí questões de reflexão, após a leitura de algumas passagens da Bíblia; essas perguntas são incluídas como lição de casa para ajudar no processo de aprendizagem e fixação das lições.

ATIVAÇÃO

Depois de terminar a aula e responder às perguntas, o professor deve ensinar os alunos de acordo com a área que ensinou. Professor, sinta-se livre para seguir a voz do Espírito Santo, mantendo a ordem divina.

Em cada classe deve ser estabelecido o padrão do "El Rei Jesus", que é o seguinte.

- Presença de Deus (Esta é atraída com oração e jejum).

- Palavra compartilhada (É recebida de Deus nos cultos, aulas, e durante o tempo que você dedica ao estudo da palavra e a comunhão com o Espírito Santo).

- Almas (O professor ensinará em cada aula o amor de Deus pelos perdidos).

- Dízimos e ofertas (Não está incluído na matéria, mas faz parte da nossa adoração a Deus).

- No final da aula, o professor orará pelas necessidades pessoais dos alunos. Ministrará salvação, milagres, profecia, libertação, cura, finanças, família, paz e alegria, conforme o Espírito guiar.

- Pedirá aos alunos que convidem uma pessoa para a próxima aula.

TAREFA MENSAL

Cada aluno deve ganhar ao menos <u>uma alma para Cristo no mês</u>. Você escreverá um breve relatório sobre essa experiência e entregará ao professor.

Valores da nossa casa

Este manual contém ensinamentos bíblicos e revelação do Espírito Santo de Deus e transformação das pessoas que recebe. Nossa oração é que está seja uma valiosa ferramenta nas mãos de pastores, líderes e cristãos em todas as partes do mundo, para que juntos vejamos expandir o reino de Deus, proclamando que Jesus Cristo é o Senhor para a glória de Deus Pai.

Apóstolo Guillermo Maldonado

A visão está fundamentada e sustentada pelos valores do Reino. De outra maneira, não seguiria o plano de Deus. Os valores que sustentam a nossa casa são:

1. **Deus.** Acreditamos que Deus é um Deus Trino: Deus Pai, Deus Filho e Deus Espírito Santo, os quais se tornam UM. Nós o amamos com toda a alma, espírito e mente, e com toda as nossas forças. Ele é a prioridade do nosso amor, obediência e adoração, sobre todas as coisas.

   Amarás o Senhor o Teu Deus com todo o coração, e com toda a tua alma e com todas as suas forças e com toda a sua mente: e ao teu próximo como a ti mesmo. (Lucas 10:27)

2. **A família.** Creemos en la familia como un eslabón principal en el Reino de Dios. Solo creemos en el matrimonio entre un hombre y una mujer. (Vea Génesis 1:27).

3. **O valor da palavra de Deus.** Acreditamos nas escrituras como a verdade absoluta, total e inspirada por Deus que é o fundamento para a nossa vida (Veja 2 Timóteo 3:16). Nós prometemos colocá-la em prática (veja Tiago 1:22).

4. **Também acreditamos que o Reino de Deus** é o governo invisível, absoluto e verdadeiro de Deus. Fazer sua vontade é nossa paixão e desejo. Acreditamos e praticamos os seus valores, princípios, pensamentos e leis. (Veja Hebreus 12:28).

5. **Paixão pelo progresso.** O desejo de Deus é que prosperemos em tudo. Por isso, o crescimento constante é um valor para nós amadurecermos, progredirmos, irmos a outras dimensões e níveis de visão, fé, unção, glória e bênção. (veja 3 João 1:2).

6. **O valor da transferência geracional.** Acreditamos que o nosso Deus é um Deus trigeneracional: Deus de Abrão, Isaque e Jacó, e que os pais têm a habilidade e a graça de transmitir aos seus filhos espirituais e naturais tudo aquilo que eles têm alcançado: herança material, emocional e espiritual. (Veja, por exemplo, êxodo 3:15; Deuteronômio 30:19; Lucas 1:50).

7. **O propósito.** Acreditamos que todo ser humano nasceu e foi criado por Deus com um propósito. Quando ele descobre seu propósito e o desenvolve, deixa um legado na terra. Então pode-se dizer que essa pessoa teve sucesso na vida. (Veja Eclesiastes 2:11).

8. **O caráter de Cristo.** Acreditamos que o objetivo de cada homem e mulher na terra é, a cada dia formar mais o caráter de Jesus em sua vida, ou seja, estar cheio de bondade, integridade, humildade, temor de Deus, santidade e maturidade. Acreditamos que Jesus é nosso modelo, ao qual temos que imitar, honrar, glorificar, adorar e seguir. (Veja Romanos 8:29).

Declaração de fé

A Bíblia. Cremos que a Bíblia é a palavra de Deus inspirada, infalível e imutável, desde Gênesis até Apocalipse. (Veja 2 Timóteo 3:16).

Um Deus em três pessoas. Cremos em Deus Pai, Deus Filho e Deus Espírito Santo, e que os três são um. (Veja João 5:7).

Na divindade de Jesus Cristo. Cremos que Jesus Cristo é o unigênito Filho de Deus, nascido de uma Virgem; que foi crucificado, morreu e ressuscitou ao terceiro dia; subiu aos céus e agora está sentado à destra de Deus pai. (Veja, por exemplo, Isaías 7:14; Lucas1:30-35; Atos 2:32-36).

Salvação. Cremos que a salvação é obtida pelo arrependimento e pela confissão dos pecados; é dada pela graça divina (não por meio de obras); é recebida pela fé em Cristo Jesus; pois Ele é o único mediador entre Deus e os homens. (Veja, por exemplo, Atos 4:11-12; Efésios 2:8; 1 Timóteo 2:5).

A ressurreição dos mortos e a vida eterna. Cremos na segunda vinda de Cristo para seu povo, que todos os mortos ressuscitarão (salvos e não salvos); e que os cristãos que estiverem vivos serão arrebatados por Jesus, e todos passarão pelo julgamento de Deus. Os crentes terão vida eterna com Jesus e comparecerão perante o tribunal de Cristo, enquanto os incrédulos serão ressuscitados para a condenação eterna e serão julgados no grande Trono Branco de Deus. (Veja, por exemplo, Daniel 12:1-2; 1 Tessalonicenses 4:13-17; Romanos 14:10; Apocalipse 20:11-15).

Santificação. Acreditamos na santificação como uma obra instantânea no Espírito, mas que, também, deve ser desenvolvida progressivamente na alma e no corpo de cada filho de Deus l. (Veja, por exemplo, hebreus 12:14; Romanos 6:19-22).

Cremos no batismo no corpo de Cristo, pelo qual a pessoa aceita a Jesus, nasce de novo e torna-se parte do corpo de Cristo e de Sua vida eterna. (Veja 1 Coríntios 12:27).

Cremos no batismo nas águas, como símbolo de identificação com a morte para o pecado, e com a ressurreição de Jesus para a vida eterna. (Veja Romanos 6:4).

Cremos no batismo no Espírito Santo, com a evidência de falar em outras línguas, e que por meio desse batismo é recebido o poder para ser uma testemunha de Jesus em todo o mundo. (Veja, por exemplo, Atos 1:8; 2:4).

A imposição de mãos. Cremos que esta é uma das maneiras de se transmitir a benção, a cura e o poder de Deus, de um ser humano para outro. (Veja, por exemplo, Atos 8:15-17; 1 Timóteo 4:14; 2 Timóteo 1:6).

Os cinco ministérios. Cremos nos cinco ministérios de Efésios 4:11, como dons dado por Deus ao Corpo de Cristo. (Veja Efésios 4:11-12).

Ministérios de governo. Cremos que o apostólico e o profético são padrões governamentais que estabelecem o fundamento e a doutrina bíblica da igreja. (Veja Efésios 2:20; 3:5).

O governo apostólico. Cremos em estabelecer o governo apostólico na igreja local, com um apóstolo como cabeça, um profeta como parte do governo, ministros e presbíteros. (Veja, por exemplo, Efésios 4:11 e atos 14:23).

Reino de Deus. Cremos no reino de Deus como governo e na pessoa de Jesus como Rei, como duas verdades absolutas e máximas. (Veja, por exemplo, João 3:3; atos 8:12; Romanos 5:17; Hebreus 12:28).

O poder curador e libertador do Reino. Acreditamos no poder do Reino para curar todos os enfermos, expulsar demônios e realizar milagres, maravilhas, sinais e prodígios. (Veja, por exemplo, Marcos 1:32-34; João 14:12; Mateus 12:28).

A fé. Acreditamos que sem fé é impossível viver uma vida agradável a Deus, e que por ela herdamos as promessas. (Veja Hebreus 6:12; 11:6).

Pregar o evangelho. Acreditamos na divulgação do evangelho do reino de Deus de forma local, nacional e globalmente, por todos os meios disponíveis. (Veja Mateus 24:14).

Introdução

Como Apóstolo e pai desta casa, sinto-me feliz por saber que você tomou a melhor decisão de sua vida. Continue o processo de visão que o levará a cruzar a linha de crente a discípulo de Cristo. Você está prestes a mergulhar em uma nova vida que começou quando você aceitou Jesus como seu salvador. No entanto, isso é apenas o começo da melhor aventura que você já viveu.

Você pode estar lidando com problemas internos, feridas no coração, ofensas, traições, rejeição e muitas outras coisas negativas. Você pode sentir que nada mudou, embora tenha tomado a decisão de seguir a Cristo. Você continua a se sentir inseguro, derrotado, rejeitado, sem saber o que fazer ou para onde ir. Como eu disse no início, aceitar Jesus foi apenas o começo. Ao passar por esse processo, você perceberá que tudo o que o deixou doente, ferido e queria destruí-lo nada mais é do que as estratégias de satanás para fazer você perder seu propósito no Senhor.

Através dessas aulas, você descobrirá que a cura anseia por seu corpo, sua alma e suas emoções. Cada ferida e cicatriz do coração serão curadas. Deus quer transformar o teu coração, quer dar um novo sentido à tua vida, levar-te ao teu verdadeiro propósito e fazer-te experimentar o amor do Pai. Ele quer que você conheça a visão de sua vida e de sua família. Essas aulas o levarão a conhecer a visão que Deus deu à nossa igreja e lhe darão as ferramentas necessárias para crescer como filho de Deus e discípulo de Cristo. Ao aprender sobre a visão da igreja, Ele revelará Sua visão pessoal para você. Porque através desta visão o Senhor fará você crescer espiritualmente, pessoalmente, família e em todas as áreas em que você permitir que Deus trabalhe.

Este manual tem tópicos tão interessantes que você não pode se dar ao luxo de ficar para trás. Você aprenderá qual é o verdadeiro significado espiritual do batismo nas águas, o mesmo que Jesus fez nas águas do Jordão. Ele saberá quem pode ser batizado e qual é o processo pelo qual todo crente precisa passar antes de chegar às águas. Você saberá qual foi a comissão que Jesus deixou para todos os seus seguidores e por que temos que obedecê-la.

Eu encorajo você a não desmaiar. Mesmo que você sinta que não pode mais continuar às vezes, não desista! Continue indo em direção ao objetivo da soberana vocação em Cristo Jesus. Não deixe que as emoções o governem e tome uma decisão firme de terminar o que você começou no Senhor, porque Deus está apenas começando a trabalhar em você. Lembre-se de que esta é uma nova aventura de vida e você pode encontrar estradas difíceis de percorrer, mas não está sozinho. Jesus caminha convosco. Ele nunca o abandonou; você apenas tem que acreditar e continuar andando. Você está indo para o lugar certo: para o coração de Deus.

Eu te abençoo,

Apóstol Guillermo Maldonado
Ministerio Internacional El Rey Jesús
Miami, Florida, EE. UU.

11

CLASSE 1

Cura do Coração Partido

OBJETIVOS

- Ensinando os Fundamentos da Cura Interior aos Novos Membros da Igreja

- Para criar consciência de que todos devem passar pela cura interior antes de serem liberados

- Curando o Coração Partido dos Membros Novos

Este ensinamento foi recebido de Deus pelo Apóstolo Guillermo Maldonado, com o objetivo de transformar a vida daqueles que o recebem. O professor deve seguir os objetivos da aula, ensinando 60 minutos, mais 15 minutos de adoração, 20 minutos de ministração e ativação, de modo que, com a oferta e os anúncios, não ultrapasse 1 hora e 50 minutos no total.

Cura do Coração Partido

Quando alguém reconhece Jesus como seu Senhor e Salvador, torna-se filho de Deus, lavado com Seu sangue, e quando morrer irá direto para o céu. No entanto, esse fato não significa que o crente já esteja livre e que todos os seus problemas tenham acabado. Há crentes que chegam com laços do passado; por exemplo: feridas, amarguras, dores e cicatrizes no coração. Muitas vezes é perguntado: por que, se somos crentes, ainda carregamos coisas do passado? A razão é que o que nasceu de novo foi seu espírito, mas sua alma —a sede da vontade, emoções e mente do homem— tem que ser renovada e transformada. Isso só pode ser alcançado através da cura interior e da libertação.

No entanto, antes que uma pessoa possa ser livre, ela deve passar por um processo de cura interior (veja 1 Samuel 16:7). Você pode estar se perguntando, por quê? Porque não há ser humano que não tenha passado por situações fortes, dolorosas e duras em alguma fase de sua vida, que tenham ferido seu coração. Essas situações podem ocorrer em qualquer fase da vida, desde o pré-natal até a velhice. Acura interior deve preceder a libertação. Além disso, a libertação pessoal não é tão difícil quando comparada a manter-se livre e ser responsável por cuidar das áreas liberadas. Isso inclui curar o coração ferido que foi influenciado por demônios. É por isso que a cura interna é importante.

> *Quando o coração está partido ou ferido, ele sangra,*
> *e isso atrai predadores espirituais, que são demônios.*

É importante que nossos corações estejam saudáveis. Essa cura só nos é dada por Deus quando O buscamos com paixão, O reconhecemos como o Senhor de nossas vidas e nos arrependemos por tê-Lo ofendido. Com isso, quero estabelecer que o ditado popular de que "o tempo apaga as feridas da alma" é uma mentira do diabo. Repito, só Deus pode curar nossos corações. É por isso que existem inúmeras pessoas com o coração em pedaços. Como sabemos? Porque o estado de seu coração sempre será refletido em suas vidas. O coração ferido tem a capacidade de ferir os outros e trair o melhor amigo, a qualquer momento.

O coração é nossa essência, identidade e substância; é o nosso espírito, quem somos, o verdadeiro "eu", o homem interior, a parte mais sagrada e íntima do nosso ser.

> *7 Porque, como ele pensa em seu coração, assim ele é.*
> **Provérbios 23:7**

> *23 Guarda o teu coração acima de tudo o que é guardado, pois dele procede a vida.* **Provérbios 4:23**

No verso anterior, a palavra *manar* significa "brotar ou brotar em grande quantidade". É regular ou gerenciar a maneira como vivemos a vida. Significa que, se não gostamos da vida que levamos, temos que avaliar nosso coração, porque ele regula o que pensamos, fazemos e falamos. Por exemplo, um problema do coração é a raiva; E a raiz disso é a frustração. É por isso que Deus lida progressivamente com o coração e isso leva tempo, porque uma pessoa com o coração ferido sempre pensa o pior de si mesma. Qual é o estado do seu coração? Se você se sentir frustrado, procure sabedoria na palavra de Deus, porque isso o ajudará a entender a situação e saber o que fazer.

> *5 E, se algum de vós tem falta de sabedoria, peça-a a Deus, que a todos dá generosamente e sem censura, e ser-lhe-á dada.* **Tiago 1:5**

O CORAÇÃO PARTIDO

O inimigo frequentemente ataca a paternidade, porque onde não há pai há maldição. A Terra, infelizmente, é um planeta de órfãos. Como resultado, as pessoas sofrem mágoas, rejeição, falta de identidade, baixa autoestima, medo, etc., porque somente nosso Pai celestial pode curar o coração abusado, ferido, ferido e trazer identidade, afirmação e coragem ao coração. Como um homem ungido pelo Pai, Jesus é nosso modelo de verdadeira identidade. Ele pregou o evangelho e trouxe um novo nascimento para a humanidade. Por meio desse novo nascimento, nos tornamos filhos de Deus e somos ungidos por Ele.

O que é unção? É ser sobrenaturalmente capacitado com a capacidade divina de fazer "coisas impossíveis" na terra. Diante disso, a pior coisa que pode acontecer ao ser humano não é não ter falta de uma ação, mas ser ungido e não saber para quê. Quando alguém não tem identidade ou não conhece seu propósito, é isso que acontece. Jesus, por outro lado, sempre soube perfeitamente por que Ele veio à Terra (ver, por exemplo, Lucas 4:18; João 14:12).

Uma pessoa com o coração quebrantado muitas vezes repete ciclos e padrões de iniqüidade, não se abre a Deus nem a ninguém, vive longe de todos, permanece vazia por causa da ausência da vida de Deus, falha em todos os relacionamentos que empreende porque não é um homem de Deus. Um relacionamento envolve a troca de vidas. O coração partido está fragmentado, despedaçado e não funciona bem por causa das experiências dolorosas recebidas desde que estava no ventre de sua mãe. Ele desconfia de Deus, das pessoas, de si mesmo e atrai atividades demoníacas. Todos nós já passamos por experiências difíceis e dolorosas. O problema não está no que passamos, mas no que aprendemos com cada experiência. Um coração partido é um território selvagem, atravessado por caminhos de dor, abuso, trauma, feridas, rejeições, amargura, etc. Torna-se tão duro que não permite que nada penetre, torna-se insensível à presença de Deus e às necessidades dos outros.

COMO UM CORAÇÃO PARTIDO É COMP UESTO

Um coração partido contém amargura, dor, rejeição, tristeza, abuso, desejo de morrer, orgulho, votos secretos, trauma, julgamento, falta de perdão, mentalidade de vítima, abandono, feridas, ferimentos, luto, etc. Isso faz com que essa pessoa não confie em Deus nem O ame; Nem confiará nem amará os outros, porque seu coração está despedaçado. Somente Deus pode pegar todas essas peças e fazê-lo novamente (veja Isaías 53:3-5). Quase sempre a verdadeira identidade de um indivíduo está escondida sob as marcas deixadas por aqueles que o abusaram e feriram, que o trataram injustamente e desonraram; até chegar o momento em que tudo vem à tona e se reflete em sua vida. Podemos perceber isso na maneira como eles vivem e se relacionam com os outros. Se não houver arrependimento e cura genuínos, ele acabará prejudicando a si mesmo e aos outros.

Uma pessoa com um coração quebrado não pode servir a Deus livremente. Ele cobre sua dor aceitando poderes demoníacos, cria uma mentalidade de vítima e não assume responsabilidade por sua própria vida. Ele sente pena de si mesmo. "Menina, culpe e acuse os outros" (este é o triângulo principal), fica obcecado com o que aconteceu com ele, rejeita o dano , mas procura ambientes semelhantes para alimentar sua dor. É por isso que deve ser livre e mudar radicalmente. O objetivo é expulsar a mentalidade de vítima e adotar uma mentalidade de desbravador, em nome de Jesus.

CICLO DO CORAÇÃO PARTIDO

A dor leva à amargura , da qual vêm os votos secretos; lá a pessoa se amaldiçoa. Em seguida, vêm julgamentos de amargura que levam a julgar os outros, mesmo que muitas vezes ele acabe fazendo a mesma coisa que julga (ver Mateus 7:1-2; Lucas: 6:37; Romanos 2:1). Finalmente vem o desejo de morrer, e ele concorda com a morte (ver Isaías 28:15); e então suas emoções endurecem e morrem.

Passos para ser livre

A boa notícia é que em Cristo todos podemos ser livres, se dermos os seguintes passos:

1. Reconheça a dor.

2. Assuma a responsabilidade de permitir que a falta de perdão, o julgamento e o ressentimento estejam em nossas vidas.

3. Arrepender-se.

4. Perdoe todos que lhe causaram dor.

ATIVAÇÃO:

- O professor guiará o grupo para pedir ao Espírito Santo que os lembre dos maus acontecimentos que vivenciaram e lhes traga convicção para que seus corações sejam curados.

- Ministrar à saúde interior do coração por meio do arrependimento.

- Eles os levarão a se arrepender por serem implacáveis a Deus, às pessoas que os machucaram e a si mesmos.

- Ele os guiará a renunciar todos os espíritos de falta de perdão, ressentimento, amargura, raiva, tristeza, luto, julgamento, trauma, abuso, abandono, orfandade, ilegitimidade, dor, dureza de coração, vingança, baixa autoestima, rejeição e seus espíritos afins, autopiedade, frustração, raiva, etc., e o expulsara em nome de Jesus.

- Ore para que Deus restaure e unifique seus corações partidos .

Nota:

Para mais informações, consulte o **curso Cuidado Pastoral**, a aula **"Como curar um coração partido".**

O Processo de Visão

OBJETIVOS

- Ensine aos novos membros o processo da visão de Deus para suas vidas e para a igreja.

- Apresente aos novos membros o processo de visão

Este ensinamento foi recebido de Deus pelo Apóstolo Guillermo Maldonado, com o objetivo de transformar a vida daqueles que o recebem. O professor deve seguir os objetivos da aula, ensinando 60 minutos, mais 15 minutos de adoração, 20 minutos de ministração e ativação, de modo que, com a oferta e os anúncios, não ultrapasse 1 hora e 50 minutos no total.

O Processo de Visão

² E o Senhor me respondeu, e disse: Escreve a visão, e dize-a em tábuas, para que quem nela lê corra. ³ Ainda que a visão se demore um pouco, mas se apresse para o fim, e não minta; ainda que tarda, esperai-a, porque certamente virá, não tardará. **Habacuque 2:2-3**

AGENDA | AULA DE LÍDERES

15m Adoração / Preparar o ambiente
60m Ensino
10m Oferta / Conectar-se com a aula
20m Ministração e Ativação
05m Anúncios e Despedida
TOTAL: 1 Hr. 50m.

Quando Deus nos dá uma visão do nosso futuro, Ele nos inspira a andar em nosso propósito. A visão mostra o fim, mas não o caminho para esse fim. O caminho sempre requer um processo. Parte desse processo é servir na visão de outra pessoa; que se torna o campo de treinamento que o prepara para cumprir a visão que Deus lhe deu.

A Bíblia conta a parábola de um homem rico que deu dinheiro a seus servos para investir enquanto estava em viagem. Quando voltou, disse aos servos que haviam investido seu dinheiro com sabedoria: *"Muito bem, servo bom e fiel; foste fiel no pouco, eu te farei governar sobre muitas coisas; entra no gozo do teu Senhor"* (Mateus 25:21; veja também v.23). Esses servos eram bons mordomos da visão do mestre. Eles multiplicaram os talentos que seu senhor lhes dera e, quando ele voltou de sua viagem, eles lhe apresentaram os ganhos.

Se quisermos conhecer nosso propósito, ***devemos nos comprometer com uma visão.*** Seja qual for a visão que você tenha —seja um médico, bombeiro, cientista, construtor, músico, empresário, escritor, enfermeiro, pastor ou apóstolo— quase sempre é necessário começar servindo a outra pessoa e ser fiel no que ela nos confia. Deus não confiará em nós com nossa visão até que aprendamos a ser fiéis nas pequenas coisas.

É importante servir na visão de uma igreja local porque todas as visões estão dentro da visão de Deus para o Seu reino. Por exemplo, no Ministério do Rei Jesus, os propósitos de muitos foram revelados e desenvolvidos à medida que serviam à visão da igreja. Levantamos pastores, profetas, mestres, evangelistas e apóstolos. Também trouxemos à tona o potencial de adoradores, intercessores e líderes de jovens, e ajudamos casais e filhos a encontrar seus dons. Além disso, por meio da visão da igreja, o Senhor deu estratégias a muitas pessoas, permitindo que elas andassem em seu propósito como empresários, políticos, juízes, médicos, artistas, atletas e muito mais. Como você pode ver, alguns desses propósitos estão diretamente relacionados ao ministério, mas a maioria trabalha fora do ambiente da igreja. No entanto, todos esses crentes continuam a crescer em seus chamados, de acordo com a revelação do Espírito Santo.

Podemos dizer que nosso propósito reflete a razão pela qual estamos aqui, mas é uma visão que nos move para onde estamos indo. Conheço pessoas que conhecem seu propósito, mas não têm uma visão dele. Como alguém pode chegar a um lugar sem saber onde está ou onde encontrá-lo? Devemos ter uma visão sólida para alcançar nosso destino.

O QUE É VISÃO

[1] Depois destas coisas, a palavra do Senhor veio a Abrão em visão, dizendo: "Não temas, Abrão; eu sou o teu escudo, e a tua recompensa será muito grande". [2] E Abrão respondeu: "Senhor Senhor, que me darás, visto que não tenho filhos, e o mordomo da minha casa é o Damasceno Eliezer?" [3] E disse Abrão: Eis que não me deste descendência, e eis que um escravo nascido em minha casa será meu herdeiro. [4] Então veio a ele a palavra do Senhor, dizendo: "Este homem não o herdará, mas um filho seu o herdará". [5] E levou-o para fora, e disse-lhe: Olha agora para os céus, e conta as estrelas, se as podes contar. E ele lhe disse: "Assim será a tua descendência". [6] E ele creu no Senhor, e isso lhe foi imputado como justiça.
Gênesis 15:1-6

Uma visão é a revelação do sonho de Deus e a promessa do que um dia nos tornaremos; e isso só pode ser visto com os olhos da fé. Deus nos dá uma visão para que tenhamos esperança no futuro. Cada pessoa tem o potencial de realizar o que Deus quer que ela faça. Quando não temos uma visão, não sabemos em que direção nossa igreja, família, negócios ou mesmo nossa vida devem ir.

No Antigo Testamento, Deus fez uma aliança com Abrão. Este homem respondeu a Deus com fé. O Senhor disse que faria de Abrão *"uma grande nação"* e que nele *"todas as famílias da Terra [seriam] abençoadas"*. (Veja Gênesis 12:1-4.) Abrão obedeceu a Deus, andou com fé e de sua linhagem veio Jesus Cristo, o Salvador do mundo. Esse é o poder de uma visão divina. Isso nos leva a andar em nosso propósito, que está conectado aos grandes propósitos de Deus para o mundo.

Ilustração: Quando uma empresa está trabalhando na construção de um prédio e quer começar a vender os apartamentos antes de serem concluídos, essa empresa anuncia o projeto como se já estivesse concluído. Inclui fotos, vídeos e maquetes de como será o prédio quando estiver concluído e declarará: "Em breve!" Isso mostrará o produto acabado enquanto o projeto ainda está em fase de planejamento. O mesmo acontece com a visão. Poderíamos dizer que é o sinal de "Muito em breve" para sua vida, se você for atrás do propósito de Deus.

A visão está relacionada à nossa capacidade de olhar para o futuro, de ver como Deus vê. A visão que Deus dá é sempre maior do que a de quem a recebe. Além disso, sonhos e visões fazem parte do derramamento do Espírito Santo. São métodos que Deus usa para comunicar Seus planos.

> *²⁸ E depois disso derramarei o meu Espírito sobre toda a carne, e vossos filhos e vossas filhas profetizarão; os vossos velhos terão sonhos, e os vossos jovens terão visões. **Joel 2:28***

Uma igreja ou uma empresa nunca crescerá além da visão de seu líder. Portanto, se sua visão é grande, você deve fazer parceria com líderes que também tenham uma grande visão. Ter uma visão significa ver o que os outros não podem ver, sonhar o que os outros não podem sonhar e tocar o que os outros não podem tocar. Portanto, uma visão só pode ser recebida por aqueles que vivem pela fé.

Você não será capaz de cumprir o propósito para o qual Deus o criou se não o visualizar primeiro; Você precisa visualizar as coisas antes que elas se tornem realidade. Para ter um ótimo negócio, atingir as metas que você estabeleceu para si mesmo ou construir algo significativo, você deve primeiro visualizá-lo e agir de acordo com ele. Para alcançar o sucesso, você deve viver pela fé, agir de acordo com sua visão e depois declarar a visão até que ela seja cumprida.

OS DIFERENTES TIPOS DE VISÃO

- **Pessoal:** É uma visão de Deus específica para a vida, ministério, família, negócios ou qualquer outra área de uma pessoa.

- **Família:** Essa visão abrange toda a família —cônjuge, filhos e gerações futuras.

- **Coletivo:** Esta visão é para uma igreja, nação, corporação ou outra grande entidade.

Nota: uma visão pessoal sempre será cumprida dentro de uma visão coletiva.

O MINISTÉRIO QUÍNTUPLO
E A VISÃO DA IGREJA

Jesus estabeleceu cinco ofícios ministeriais para construir a igreja.

*11 E ele mesmo designou alguns apóstolos, outros profetas, outros evangelistas, outros pastores e mestres, 12 para prepararem os santos para a obra do ministério, para a edificação do corpo de Cristo, 13 até que todos cheguemos à unidade da fé e do conhecimento do Filho de Deus, a um homem perfeito, à medida da estatura da plenitude de Cristo. **Efésios 4:11-13***

- Amadurecer, ensinar e equipar crentes, discípulos e líderes para realizar o trabalho do ministério.

- Estabelecer a paternidade de Deus no coração do povo.

- Desenvolver estratégias para evangelizar, ensinar doutrina, avançar no profético, fornecer cuidado pastoral e levá-los a entender melhor o apostólico.

- Guiar crentes, discípulos e líderes a descobrir e realizar seu propósito em Deus.

- Formar e equipar os crentes na área específica de sua vocação e ensiná-los a desenvolver suas capacidades para que possam realizar a visão de Deus na igreja e em suas vidas.

QUEM DEVE ABRAÇAR A VISÃO

- Liderança

16 Então disse o SENHOR a Moisés: Ajunta-me setenta homens dos anciãos de Israel, que sabes serem anciãos do povo e seus príncipes; e traze-os à porta da tenda da revelação, e esperai ali contigo. 17 E descerei e ali falarei convosco, e tomarei do espírito que há em vós, e o porei neles; e eles levarão convosco o fardo do povo, e vós não o levareis sozinhos. ***Números 11:16-17***

Os líderes são os primeiros a serem sobrecarregados pela visão de Deus.

- As pessoas

Uma vez que os líderes adotam a visão, ela deve ser comunicada ao povo.

O QUE ESPERAR DE UMA VISÃO DIVINA

Uma visão divina moldará nosso futuro e o de nossos descendentes.

- A visão molda quem somos.

17 (Como está escrito: Eu te constituí pai de muitas nações) diante de Deus, em quem ele creu, que dá vida aos mortos e chama coisas que não são como se fossem. 18 Ele creu em esperança contra esperança, para se tornar pai de muitas nações, como lhe fora dito: "Assim será a sua descendência". ***Romanos 4:17-18***

- Produz iniciativas para ter sucesso na vida.

- Atraia as pessoas certas e gere ação.

- Dá sentido à vida (propósito).

- Cria a força do acordo ou unidade.

A visão de Deus opera por meio da unidade. A unidade traz a <u>manifestação sobrenatural</u> de Deus para a visão.

3 Podem dois andarem juntos, a menos que concordem? ***Amós 3:3***

Essas manifestações são:

- A unção e a bênção de Deus vindo sobre os outros.

  [1] *Veja como é bom e agradável para os irmãos viverem juntos em harmonia!* [3] *... Pois ali o Senhor envia bênçãos e vida eterna.* **Salmos 133:1, 3**

- Multiplique o poder.

  [7] *E perseguirás os teus inimigos, e eles cairão à espada diante de ti.* [9] *Pois voltarei para vós, e vos farei crescer, e vos multiplicarei, e estabelecerei convosco a minha aliança.* **Levítico 26:7, 9**

- Traz a manifestação da glória de Deus.

  [22] *A glória que me deste, eu te dei, para que sejas um, como nós somos um.* **João 17:22**

- Ele nos sustenta em tempos difíceis.

- Isso nos dá energia, esperança e força.

- Isso quebra o poder do status quo.

A visão que vem de Deus nunca está de acordo com o status quo —o que é conhecido ou normal— é sempre maior e traz muitos desafios.

CHAVE PARA CONCRETIZAR A VISÃO

Compromisso. Esta palavra significa tomar a decisão de agir de uma determinada maneira sem desmaiar ou recuar. Compromisso é ser consagrado, disponível, obediente, dedicado e completamente entregue à visão. Transmite a ideia de fazer sacrifícios para alcançar algo meritório. Com relação à visão, quatro tipos de atitudes se manifestam:

- Aqueles que não têm visão e não se comprometem.

- Aqueles que não se comprometem por medo de não cumprir a visão.

- Aqueles que transigem, mas recuam em tempos difíceis.

- Aqueles que se comprometem e pagam o preço até o fim.

MUDANÇAS QUE O COMPROMISSO TRAZ PARA O CARÁTER DE UMA PESSOA

Esta é a ponte entre o conhecimento e a ação.

Ilustração: Uma jovem estava acima do peso há muito tempo, então decidiu se disciplinar e perder peso. Conseguiu. Mais tarde, ela começou a ensinar outras pessoas com sobrepeso a mudar seus hábitos e perder peso. Essas pessoas a ouviam, oravam e choravam com ela, mas ainda estavam acima do peso porque queriam muito perder peso, mas não tinham um compromisso genuíno. O cristianismo é o mesmo. Existe uma imensa ponte entre o saber e o fazer. Temos que nos comprometer e agir!

- Compromisso é conectar o que sabemos com o que fazemos.

- O compromisso nos torna úteis a Deus e aos outros.

   33 Ou fazei a árvore boa, e o seu fruto bom, ou fazei a árvore má, e o seu fruto mau; porque pelo fruto a árvore é conhecida. **Mateus 12:33**

A falta de compromisso ou "tibieza" desagrada a Deus.

   15 Conheço as tuas obras, que não és frio nem quente; quisera que fosses frio ou quente. 16 Mas, porque você é morno, e não é frio nem quente, eu o cuspirei da minha boca. **Apocalipse 3:15-16**

A VISÃO DO MINISTÉRIO DO REI JESUS

No Ministério Rei Jesus, temos uma visão para nossa igreja baseada na visão de Jesus para o mundo. Nossa declaração de visão é: "Evangelizar o mundo e discipular as nações". Essa visão está contida nas seguintes escrituras:

   15 E disse-lhes: Ide por todo o mundo e pregai o evangelho a toda criatura. **Marcos 16:15**

   19 Ide, pois, fazei discípulos de todas as nações, batizando-os em nome do Pai, e do Filho, e do Espírito Santo; 20 ensinando-os a observar todas as coisas que vos tenho ordenado, e eis que estou convosco todos os dias, até o fim dos tempos. Amém. **Mateus 28:19-20**

A decisão mais importante que você pode tomar em sua vida é receber Jesus como seu Senhor e Salvador pessoal. É a decisão mais importante porque ela determinará para onde irá quando morrer, e é uma decisão que mudará sua vida e seu destino. Esta é uma das razões pelas quais Jesus comissionou seus discípulos a pregar o evangelho (as boas novas da salvação) a toda criatura, conforme declarado em Marcos 16:15. Mas, você já se perguntou: "O que devo fazer agora que recebi Jesus como meu Senhor e Salvador pessoal?"

Jesus comissionou Seus discípulos a fazer discípulos em todas as nações (Mateus 28:19). Deus não quer que sejamos apenas crentes, mas discípulos de Jesus. Um discípulo é um estudante. Observe que Mateus 28:20 diz: *"ensinando-os a observar todas as coisas que eu vos ordenei"*. Deus quer que amadureçamos como Seus filhos e filhas, para que possamos viver uma vida de obediência seguindo Seus mandamentos. Ele quer que sejamos livres da escravidão do pecado e tenhamos uma vida de vitória. Deus não pretende que vivamos em derrota. É por meio da obediência à Sua palavra e princípios que podemos viver a vida que Deus quer que vivamos. uma vida com propósito.

Para que cresçamos em nosso relacionamento com Deus e nos tornemos filhos e filhas maduros, é imperativo que passemos por um processo de crescimento espiritual. No reino natural, passamos por vários processos que desenvolvem nosso potencial como seres humanos. Em nosso desenvolvimento físico, começamos como bebês, crescemos e nos tornamos crianças, passamos pela puberdade e nos tornamos jovens adultos, até atingirmos a maturidade da idade adulta. Um processo semelhante ocorre no desenvolvimento espiritual. No entanto, neste caso, o crescimento nos leva a nos assemelhar a Cristo. Este processo é necessário para que possamos completar nosso propósito.

Se não passarmos pelo processo de maturidade espiritual, não seremos capazes de entrar em nosso destino. Muitos sabem, em teoria, que foram criados para um grande propósito, mas não foram ensinados como alcançá-lo ou o que fazer com ele. Outros entendem a ideia do processo, mas não estão dispostos a se submeter a ele, então desperdiçam seu potencial.

No Ministério do Rei Jesus, temos um processo projetado para ajudar cada crente a crescer na visão de Deus para a igreja e em sua visão pessoal dada por Deus. Por meio desse processo, você aprenderá ensinamentos bíblicos que são fundamentais para o crescimento de todo crente.

Instrutor: Compartilhe um testemunho de como Deus usou o processo de visão no Ministério Rei Jesus para transformar sua vida. Como você era antes de passar pelo processo? O que você aprendeu através do processo? O que Deus fez em você através do processo? Como você está agora após o processo?

APLICAÇÃO

- O instrutor levará os crentes em oração a cruzar a linha de apenas crentes para serem discípulos de Jesus. Ele os levará a se comprometerem a seguir Jesus e passar pelo processo de visão.

- Em seguida, você revisará a apresentação do Processo de Visão. O processo de visão é um processo de três anos para ajudá-lo a amadurecer em Cristo e se tornar um discípulo. Cada etapa do processo prepara você para um nível de responsabilidade na igreja.

- Ele explicará o processo da visão trienal e seus diferentes níveis:

  ▸ **Membro** – Alguém que se reúne regularmente e pode querer servir, mas não está pronto para assumir um papel de liderança.

  ▸ **Discípulo** – Alguém que quer seguir a Cristo e servir em um papel maior; que atingiu um nível de maturidade em que se vê liderando os outros ou liderando em seu chamado.

  ▸ **Líder** – Alguém que gostaria de ensinar a palavra de Deus a um pequeno grupo, liderar outros discípulos ou que deseja ser um líder em seu campo (exemplo: pessoas nos negócios, política, esportes, mídia, artes, áreas médicas e jurídicas etc.).

- Ele explicará os diferentes ciclos de classes (Membros, Discípulos, Líderes), sua duração, benefícios e os diferentes estágios de visão em cada ciclo: Crescendo para Dentro, Crescendo para Cima e Crescendo para Fora. As aulas no estágio *"Crescendo para dentro"* são projetadas para ajudar o novo crente a criar raízes em Jesus. As aulas no estágio "*Crescendo para Cima"* são projetadas para amadurecer o novo crente em seu relacionamento com Deus. As aulas no estágio *"Crescendo para Fora"* são projetadas para equipar o novo crente para servir a Deus e ao povo do ponto de vista de seu relacionamento com Deus.

- Ele relatará o que eles podem aprender em cada ciclo e dará alguns títulos de aula.

- Após o primeiro ano, o segundo continuará a adicionar fundamentos espirituais à sua vida. Após a conclusão do segundo ano do programa, você receberá um certificado do ministério. O terceiro ano do processo de visão o ajudará a crescer na área de sua paixão, onde Deus o chamou para servir. No fim deste ano, ele receberá outro certificado e, até lá, será um trabalhador maduro do reino de Deus.

Batismo no Espírito Santo e na Água

OBJETIVOS

- Conheça o propósito principal do batismo na água e no Espírito Santo

- Conheça o significado espiritual de ambos os batismos

- Aprenda os passos para receber o Espírito Santo e como se preparar para o batismo nas águas

Este ensinamento foi recebido de Deus pelo Apóstolo Guillermo Maldonado, com o objetivo de transformar a vida daqueles que o recebem. O professor deve seguir os objetivos da aula, ensinando 60 minutos, mais 15 minutos de adoração, 20 minutos de ministração e ativação, de modo que, com a oferta e os anúncios, não ultrapasse 1 hora e 50 minutos no total.

Batismo no Espírito Santo e na Água

O batismo é um mandamento que deve ser seguido por toda pessoa que conhece Jesus e O aceita como Senhor e Salvador de sua vida. É uma ordenança estabelecida na Palavra de Deus.

O QUE SIGNIFICA BATISMO?

A palavra "batismo" vem do grego *baptizo*. É um termo usado durante o tempo de Jesus, que significa "molhar ou saturar". Transmite a ideia de imergir completamente um tecido de algodão em um banho de tinta para mudar a cor. O baptizo implica ser preenchido até transbordar, por imersão total.

Nos tempos antigos, baptizo também era usado para indicar o mergulho de um novo navio, ou quando um navio era coberto por uma grande onda. Para dar um exemplo bem gráfico, é como se alguém ficasse embaixo de uma cachoeira e ficasse completamente coberto de água; nem uma única parte de seu corpo seria deixada molhada.

BATISMO NO ESPÍRITO SANTO

O batismo no Espírito Santo é o ato pelo qual Deus nos enche com Seu poder e, como evidência, falamos em outras línguas. Para ter um relacionamento verdadeiro com Deus, é necessário arrepender-se do pecado, ser batizado na água e receber o dom do Espírito Santo.

> *38Arrependam-se, e sejam batizados, cada um de vocês, em nome de Jesus Cristo, para remissão dos pecados, e receberão o dom do Espírito Santo.* **Atos 2:38**

AGENDA | AULA DE LÍDERES

15m Adoração / Preparar o ambiente
60m Ensino
10m Oferta / Conectar-se com a aula
20m Ministração e Ativação
05m Anúncios e Despedida
TOTAL: 1 Hr. 50m.

O arrependimento é uma decisão interna, ser batizado é um ato externo e receber o Espírito Santo nos leva a estar equipados para a vida cristã.

O Espírito Santo veio do céu e todos foram imersos

*[2] E de repente veio do céu um som, como um vento impetuoso e impetuoso, e encheu toda a casa onde estavam assentados. **Atos 2:2***

A frase "veio do céu e encheu toda a casa" significa que todos os presentes foram imersos ou imersos no poder sobrenatural do Espírito Santo; eles estavam todos completamente preenchidos por dentro; e todos começaram a falar em línguas.

PROPÓSITO DO BATISMO NO ESPÍRITO SANTO

*[8] Mas recebereis poder, ao descer sobre vós o Espírito Santo, e ser-me-eis testemunhas em Jerusalém, em toda a Judéia, em Samaria e até os confins da terra. **Atos 1:8***

O propósito principal do batismo no Espírito Santo é revestir e dotar um crente com o poder sobrenatural de Deus para ser uma testemunha eficaz de Cristo.

Ao longo da minha vida cristã, precisei do poder sobrenatural de Deus muito mais do que de habilidades naturais; mais do que educação formal, mais do que sabedoria ou conhecimento natural. Só assim pude ser uma testemunha eficaz de Jesus. Deus fornece esse poder por meio do batismo no Espírito Santo.

Jesus ordenou a Seus discípulos que não saíssem para testificar de Sua Ressurreição até que recebessem o poder do Espírito Santo. Só então eles seriam testemunhas eficazes.

*[38] Quem crê em mim, como diz a Escritura, rios de água viva fluirão de dentro dele. **João 7:38***

A provisão total de Deus inclui: arrependimento, ser batizado nas águas e no Espírito Santo. Essa experiência sobrenatural inclui imergir, beber ou encher até se manifestar com um fluxo sobrenatural, que é expresso ao falar em outras línguas.

PASSOS PARA RECEBER O ESPÍRITO SANTO

1. Pergunte ao Pai celestial

¹¹ Qual de vós, se o seu filho lhe pedir pão, lhe dará uma pedra? Ou se um peixe, em vez de um peixe, lhe der uma cobra? ¹² Ou, se ele pedir um ovo, ele lhe dará um escorpião? ¹³ Se vocês, pois, sendo maus, sabem dar boas dádivas aos seus filhos, quanto mais o Pai celestial dará o Espírito Santo àqueles que lhe pedirem?" **Lucas 11:11-13**

2. Receba-o como um presente dado pela graça

⁵ Pois João batizou com água, mas vocês serão batizados com o Espírito Santo dentro de poucos dias". **Atos 1:5**

O Espírito Santo não é recebido por mérito ou maturidade; é um presente de Deus. Nós não merecemos isso; Ele nos dá pela graça. A Bíblia reflete aqui a promessa feita por Jesus aos Seus discípulos, que eram pessoas que já haviam se arrependido, crido Nele e haviam sido batizadas nas águas, mas ainda precisavam do enchimento do Espírito Santo.

3. É recebido pela fé, não pelas obras

¹⁴ para que em Cristo Jesus a bênção de Abraão chegasse aos gentios, para que pela fé recebêssemos a promessa do Espírito. **Gálatas 3:14**

Você não recebeu o batismo do Espírito Santo pelas obras que fez ou pelos méritos que acumulou, mas pela fé.

4. Deve estar com sede

³⁷ No último grande dia da festa, Jesus se levantou e levantou a voz, dizendo: "Se alguém tem sede, venha a mim e beba". **João 7:37**

Aquele que tem sede de Deus reconhece que precisa dEle. Quando as pessoas param de ter sede de Deus, elas desistem de crescer espiritualmente. Se você estiver com sede, vá até a fonte e beba. Deus não vai beber por você; nem seu pastor, seu mentor ou seu cônjuge. Se você tem sede do Espírito de Deus, esqueça a opinião dos outros e beba!

5. Aproxima-se de Jesus, Aquele que batiza

¹¹ Eu vos batizo com água para arrependimento, mas aquele que vem depois de mim, cujas sandálias não sou digno de usar, é mais *poderoso do que eu; ele vos batizará com o Espírito Santo e com fogo. **Mateus 3:11***

6. Você precisa fluir

*⁵ Quando ouviram isso, foram batizados em nome do Senhor Jesus. ⁶ E, impondo-lhes Paulo as mãos, desceu sobre eles o Espírito Santo, e falaram em línguas e profetizaram. **Atos 19:5-6***

Fluir é começar a falar em outras línguas, assim como o Espírito Santo nos dá para falar. Lembre-se de que o Espírito de Deus lhe dá línguas, mas você tem que falá-las, porque é um ato de sua própria vontade.

BATISMO EM ÁGUAS

*¹⁹ Ide, pois, fazei discípulos de todas as nações, batizando-os em nome do Pai, e do Filho, e do Espírito Santo. **Mateus 28:19***

O primeiro ato externo de uma pessoa que decidiu ser discípulo de Jesus é o desejo de ser batizado na água, em nome do Pai, do Filho e do Espírito Santo. O batismo é a evidência externa que sela a decisão de se tornar um discípulo.

Claramente, este é um dos maiores privilégios que um pecador pode ter na terra: identificar-se com Jesus em sua morte e ressurreição; não apenas diante dos homens, mas diante do universo. Deus, o diabo, os anjos e toda a raça humana são testemunhas do crente que se identifica com Jesus através do batismo.

Exemplos de batismos na Bíblia

- ### Três mil receberam a Palavra e foram batizados

*⁴¹ Assim, os que receberam a sua palavra foram batizados, e naquele dia se juntaram cerca de três mil pessoas. **Atos 2:41***

A mesma coisa acontece hoje. Se recebermos a Palavra com convicção, seremos batizados. Quando não estamos dispostos a ser batizados, é porque não aceitamos a Palavra ou Jesus. ou talvez tenhamos reservas ou dúvidas internas. No entanto, a verdade é que todo aquele que recebe a Palavra procura ser batizado o mais rápido possível.

- **O Batismo dos Homens e Mulheres que Creram**

¹² Mas, quando creram em Filipe, que pregava o evangelho do reino de Deus e o nome de Jesus Cristo, homens e mulheres foram batizados. Atos 8:12

- **O Batismo do Eunuco**

³⁵ Então Filipe abriu a boca e começou a partir desta escritura e pregou-lhe o evangelho de Jesus. ³⁶ E, indo eles pelo caminho, chegaram a uma água certa, e o eunuco disse: Eis água aqui; que me impede de ser batizado? ³⁷ Filipe disse: "Se você crê de todo o coração, pode fazê-lo". E ele respondeu: "Creio que Jesus Cristo é o Filho de Deus". ³⁸ E mandou parar o carro, e ambos desceram à água, Filipe e o eunuco, e o batizaram. Atos 8:35-38

Assim que o eunuco aceitou a mensagem de Cristo, sem qualquer instrução adicional, ele sabia que deveria ser batizado e estava ansioso para fazê-lo o mais rápido possível.

O arrependimento é uma decisão interna, o batismo é o ato externo que sela essa decisão e a torna pública e eficaz.

- **O Batismo de Paulo**

¹⁸ E logo caíram dos seus olhos como escamas, e logo recuperou a vista; e levantou-se e foi batizado. Atos 9:18

Depois de crer em Jesus, Paulo de Tarso, que mais tarde se tornaria o apóstolo Paulo, foi batizado. Foi assim que a igreja do livro de Atos agiu.

- **O Batismo de Cornélio**

²⁴ E Cornélio estava esperando por eles... Então Pedro respondeu: ⁴⁷ Pode alguém impedir a água, para que não sejam batizados também estes que receberam o Espírito Santo como nós? Atos 10:24, 47

- **O Batismo do Carcereiro**

³³ E tomou-os naquela mesma hora da noite, e lavou-lhes as feridas, e logo foi batizado com todos os seus. Atos 16:33

Aqui a palavra-chave é <u>imediatamente</u>. Eles não tiveram que esperar duas semanas ou um ano; eles foram batizados assim que creram no Senhor. A ordem, no Novo Testamento, era sempre crer e depois ser batizado. Toda pessoa que se arrepende e crê está pronta para ser batizada. Esse é o padrão bíblico. Além disso, é injusto negar o batismo nas águas a um novo convertido.

Significado Espiritual do Batismo nas Águas

É importante saber por que somos batizados e o que acontece quando praticamos esse mandamento divino. O significado espiritual do batismo nas águas pode ser resumido em uma única palavra: <u>identificação</u>.

A identificação é dada em duas direções:

1. Jesus se identifica conosco na cruz

Jesus se identificou conosco: ele carregou nossos pecados, doenças e dores; Ele se tornou uma maldição e morreu para que nós, pela fé, pudéssemos receber a bênção.

2. Nós nos identificamos com Jesus

Quando somos batizados, estamos nos identificando com Jesus nessas três experiências:

> ‣ Com sua morte

³ Ou vocês não sabem que todos nós, que fomos batizados em Cristo Jesus, fomos batizados na sua morte? **Romanos 6:3**

No batismo, decidimos que nossa velha natureza deve morrer, o pecado não nos atrai mais, não tem controle sobre nós, não pode nos dominar. Isso só funciona quando escolhemos viver uma vida de fé contínua e consistente.

> ‣ Com seu túmulo

¹² Vocês foram sepultados com ele no batismo, no qual também ressuscitaram com ele, pela fé no poder de Deus, que o ressuscitou dentre os mortos. **Colossenses 2:12**

Da mesma forma que Jesus foi sepultado em um túmulo de pedra, nosso velho homem está sepultado nas águas.

▶ Com Sua Ressurreição

⁴ Porque fomos sepultados com ele na morte pelo batismo, para que, assim como Cristo ressuscitou dentre os mortos pela glória do Pai, assim também nós andemos em novidade de vida. ⁵ Porque, se fomos plantados juntamente com ele na semelhança da sua morte, assim também seremos na semelhança da sua ressurreição. **Romanos 6:4-5**

Assim como Jesus ressuscitou dos mortos, assim também vós sereis ressuscitados para uma vida nova, pelo poder do Espírito Santo. Isso é algo que ele não pode fazer com sua força. O novo nascimento só é possível por causa da glória do Pai.

O batismo nas águas significa ser morto, sepultado e ressuscitado junto com Cristo.

Esta é a essência do Evangelho: Cristo morreu pelos nossos pecados, foi sepultado e ressuscitou. Quando uma dessas três ordenanças é perdida, a igreja começa a se desviar da verdade. O batismo nas águas é tão importante quanto o batismo no Espírito Santo. Eles se complementam, mas nenhum é um substituto para o outro.

A Confissão Pública do Batismo

O batismo nas águas é uma confissão que afirma o seguinte:

- Jesus é nosso único Senhor e Salvador, e não temos vergonha de confessá-lo publicamente.

- Rompemos toda a aliança e relacionamento com o mundo e decidimos seguir Jesus. Não voltaremos ao antigo modo de Vida.

- Quebramos todas as alianças com o diabo e nos traduzimos para o reino de Deus.

- Diante do mundo, nos identificamos com a morte, sepultamento e ressurreição de Jesus.

Como nos preparamos para o batismo?

1. Arrependimento

A primeira coisa que devemos fazer antes de sermos batizados é nos arrepender de todo pecado. O arrependimento tem a ver com tomar uma decisão firme de mudar o modo de vida errado e pecaminoso. é renunciar à rebelião, à autossuficiência, à teimosia e à justiça própria, a fim de se converter, submeter-se a Deus e cumprir Suas condições. O batismo é a evidência externa de que começamos a viver uma nova vida. É uma maneira de dizer: "Não quero continuar nos velhos caminhos, a partir de hoje vou seguir a Deus".

2. Crer

Uma vez que nos arrependemos, devemos crer em Jesus e no evangelho. então seremos batizados.

> [16] *Quem crer e for batizado será salvo, mas quem não crer será condenado.* **Marcos 16:16**

3. Decidir

> [19] *Ide, pois, fazei discípulos de todas as nações, batizando-os em nome do Pai, e do Filho, e do Espírito Santo.* **Mateus 28:19**

Depois que uma pessoa toma a decisão de ser discípulo de Jesus, segui-Lo, viver para Ele, colocá-Lo em primeiro lugar em sua vida, então ela é batizada nas águas. Esse é o sinal externo de que você também quer ser um discípulo de Jesus Cristo.

4. Desejo

> *O batismo que corresponde a isso agora nos salva (não removendo a imundície da carne, mas como a aspiração de uma boa consciência para com Deus) pela ressurreição de Jesus Cristo.* **1 Pedro 3:21**

Todo pecador que se arrepende e crê desejará ter uma boa consciência para com Deus. Essa preparação deve ser feita voluntariamente. Por esse motivo, o batismo de bebês não é válido.

Quantos anos uma pessoa precisa ter para ser batizada?

A pessoa deve ser adulta o suficiente para acreditar, arrepender-se e decidir ser um discípulo. As crianças pequenas, por natureza, não podem atender a esses requisitos. As crianças pequenas são levadas diante do altar, assim como José e Maria fizeram com Jesus. O pastor os abençoa e os apresenta a Deus.

ATIVAÇÃO

- O professor levará cada pessoa a receber o Espírito Santo com a evidência de falar em novas línguas, por meio da imposição de mãos.

- Então ele explicará que agora que eles foram cheios do Espírito Santo, Deus lhes deu Seu poder sobrenatural para serem testemunhas de Jesus, que é o principal propósito desse enchimento.

- Depois de ter sido batizado no Espírito Santo, você vai convidar o grupo a tomar a decisão de ser batizado nas águas.

Itinerário

Retiro de boas-vindas

Itinerário
Retiro de boas-vindas

Retiro de boas-vindas

HORA	MIN	DESCRIÇÃO	CLASSES
Quarta-feira 08:00 – 09:00	60	Inscrição	
Quarta-feira 08:30 - 09:00	30	Adoração	
Quarta-feira 09:00 - 09:40	40	*CLASSE #1* *"A Cura do Coração Partido"*	Link
Quarta-feira 09:40 – 09:45	5	Instruções para receber libertação	
Das 9:45 às 10:05	20	Ministração	
10:05 - 10:15	10	Vocação	
Quarta-feira 10:15 – 10:55	50	*CLASSE #2* *"O Processo de Visão"*	
Quarta-feira 10:55 - 11:15	10	Ministração	
Quarta-feira 11:15 – 11:25	10	Coletar Ofertas	
Quarta-feira 11:25 – 11:55	30	*CLASSE #3* *"Batismo nas Águas"*	Link
11:55 - 12:05	10	Ministração	
Quarta-feira 12:05 – 12:15	10	Instruções - Despedida para piscinas batismais	
Segunda-feira 12:15 - 13:00	45	BATISMO NAS ÁGUAS	
Quarta-feira 13:00 – 14:00	60	ALMOÇO Cominhão	

Para ver o catálogo completo de livros, manuais e pregações do apóstolo Guillermo Maldona-do, em inglês e espanhol, ou comprar diretamente da editora:

ventas@elreyjesus.org

www.shop.KingJesus.org

Ministerio Internacional El Rey Jesús

14100 SW 144 Ave. Miami, FL 33186

(305) 382-3171